Achim Bröger

Leonie hält zu David

Geschichten vom Helfen und Freundlichsein

Pädagogisch begleitet von Sabine Seyffert
Mit Bildern von Betina Gotzen-Beek

EDITION
BÜCHERBÄR

Achim Bröger,
geboren 1944, schreibt als freiberuflicher
Schriftsteller Kinder- und Jugendbücher.
Viele davon sind mit bedeutenden Preisen
(u. a. Deutscher Jugendliteraturpreis,
Sparte Kinderbuch) ausgezeichnet
worden. Seine Bücher wurden in
27 Sprachen übersetzt.

Sabine Seyffert
ist staatlich anerkannte Erzieherin,
Entspannungspädagogin, psychologische
Beraterin sowie Autorin zahlreicher
Publikationen. Außerdem
führt sie Fortbildungsseminare für
Pädagoginnen und Pädagogen durch.
Sie lebt mit ihrer Familie in Wuppertal.

Betina Gotzen-Beek,
geboren 1965,
studierte Malerei und
Grafik-Design.
Seit 1996 illustriert sie
Bilderbücher und
Kinderbücher für
verschiedene Verlage.
Sie lebt mit ihrer Familie
in Freiburg.

Inhalt

In neuer Rechtschreibung

1. Auflage 2005
© Edition Bücherbär
im Arena Verlag GmbH,
Würzburg 2005
Alle Rechte vorbehalten
Einband und Innenillustrationen:
Betina Gotzen-Beek
Gesamtherstellung:
Westermann Druck Zwickau GmbH
ISBN 3-401-08650-2

www.arena-verlag.de

Liebe Leserinnen und Leser,

»Ich helf dir und du hilfst mir!« – Hilfsbereitschaft erleichtert den Alltag in der Familie, in der Spielgruppe, im Kindergarten, im Verein und in der Schule. Hilfsbereitschaft bedeutet ganz konkrete Unterstützung, zum Beispiel beim Aufräumen. Genauso aber gehört dazu, dass wir Fremde freundlich in unsere Gemeinschaft aufnehmen.

Wer helfen will, muss sich in andere hineinversetzen können, ihre Gefühle verstehen. Vielleicht, weil er selbst etwas Ähnliches erlebt hat. Dann kann er auch trösten. Kinder sind dazu nicht automatisch in der Lage. Sie müssen erst lernen, Situationen richtig einzuschätzen und entsprechend zu reagieren. Wir Erwachsene können ihnen dabei helfen, indem wir ihnen Vorbild sind. Gerade Kinder benötigen Hilfe, je jünger sie sind, desto mehr Anleitung brauchen sie. Aber auch Schulkinder sind dankbar in kniffeligen Situationen, wenn ihnen jemand einen Ausweg zeigt.

Durch die Hilfe der »Großen« werden Kinder angeregt, selbst zu helfen. So machen in der Spiel- oder Turngruppe die Kinder, die schon eine Weile dabei sind, den Neuen vor, wie gespielt und geturnt wird. Nach den Sommerferien zeigen die Vorschulkinder den Kindergartenneulingen, welche Regeln es gibt, und auch bei Schulbeginn helfen die Größeren den Erstklässlern, sich in der Schule zurechtzufinden.

Wege zur Hilfsbereitschaft

Hier möchte ich Ihnen einige Tipps geben, die die Hilfsbereitschaft, Freundlichkeit und soziale Kompetenz Ihres Kindes fördern.

- »Hilfst du mir, so helf ich dir.« – Sich gegenseitig zu helfen bringt jeden weiter. Denn was ich allein nicht kann, klappt zu zweit oft doppelt gut. Weisen Sie Ihr Kind auf solche Situationen hin.

- Wenn einem Kind etwas nicht gelingt und es zornig wird, zeigen Sie ihm, wie es funktioniert. Manchmal aber reagieren ehrgeizige Kinder, wenn man ihnen helfen will, bockig und schalten auf stur. Bitten Sie das Kind dann auch einmal um seine Hilfe. So erfährt es, dass es etwas kann, bei dem Sie Unterstützung brauchen. Das stärkt sein Selbstbewusstsein.

- »Du bist nicht allein« – Kinder erleben dieses positive Gefühl, wenn ihnen Hilfe angeboten wird, besonders wenn sie mit etwas nicht zurechtkommen. Das macht Mut und fördert das Selbstvertrauen, es irgendwann auch allein zu schaffen. So zum Beispiel in Achim Brögers Geschichte von Ayse, die sich die Schuhe nicht allein zubinden kann.

Am Ende wird aus dem Helfen sogar ein lustiges Spiel, das Ayse ermutigt selbst zu üben.

- »Helfen macht Spaß!« Das kommt in diesem Buch deutlich zum Ausdruck. Wer hilft, dem begegnet man in der Regel mit Offenheit und Dankbarkeit. So lässt sich der alleinstehende Nachbar gern zum Essen einladen und Paulina bekommt »Finderlohn«.
- »Helfen muntert auf.« Es wirkt wie ein kleines Trostpflaster. Niemand muss sich mehr verzweifelt und hilflos fühlen. Auch Paulina nicht, als ihr Bruder David mit ihr zusammen den verlorenen Teddy sucht und ihr schließlich seinen eigenen Teddy gibt.

Geschichten vom Helfen sind immer auch Geschichten von Mitgefühl und Zuneigung, vom freundlichen Miteinander und vom Dankesagen. Nehmen Sie Achim Brögers Geschichten zum Anlass, mit Ihrem Kind über dieses wichtige Thema zu sprechen.

Ihre Sabine Seyffert

Willkommen, Felix!

»Hmmm, Kakao!« David sitzt mit Mama und seiner kleinen Schwester Paulina am Küchentisch. Jeder hat einen Becher Kakao vor sich. Jetzt sieht David aus dem Fenster und staunt. Am Haus gegenüber parkt ein Möbelwagen. David liest vor, was auf dem Wagen steht: »Zieh aus. Zieh ein. Mit Akelbein.« Alle lachen über den Spruch. Mama lobt David: »Toll, dass du das schon lesen kannst!« Klar, dass ich das schaffe, denkt David. Er geht ja schon in die erste Klasse. Zwei Männer schleppen einen Schrank aus dem Wagen. Mama erzählt, wie es war, als sie hier eingezogen sind: »Zuerst hat's David nicht gefallen . . .« Er unterbricht sie: »Ich hab keinen gekannt. Ich hatte niemanden zum Spielen.«

»Doch, mich!«, meint Paulina. David sagt: »Nee, du warst damals noch ein Brüllbaby.«

Ein Junge trägt einen Karton aus dem Möbelwagen. David sagt: »Da zieht einer ein, der ungefähr so alt ist wie ich.« David möchte gleich zu ihm rübergehen. »Bleib nicht so lange«, meint Mama. »Wir essen bald.«

David rennt raus und geht zum Möbelwagen.

Eben kommt der neue Nachbarjunge aus dem Haus. David weiß nicht, was er sagen soll. Aber der Neue will gleich wissen: »Wohnst du hier?«

»Drüben. Im Erdgeschoss.« Der Neue fragt: »Wie heißt du?« David nennt seinen Namen. Der Neue heißt Felix. »Komm mit, ich zeig dir was«, sagt er geheimnisvoll. David geht mit ihm zum Auto hinter dem Möbelwagen. Auf dem Rücksitz steht ein Tragekorb. Felix erklärt: »Da ist meine Katze drin.« Er öffnet die Klappe. Seine Katze streckt den Kopf aus dem Korb. »Sie heißt Ronja«, sagt Felix. Ihr Fell ist silbergrau. David staunt: »Ist die schön.«

Vorsichtig streichelt David das Tier. Felix meint: »Die mag dich. Sie schnurrt.« Er schiebt die Katze in den Tragekorb zurück und die Jungen steigen aus dem Auto. Da kommen Felix' Eltern. »Das ist David«, sagt Felix. Sein Papa staunt: »Wir sind erst seit einer Stunde hier und du kennst schon jemanden. Hier wird's bestimmt nicht langweilig.« Plötzlich fällt David ein: »Ich muss rüber. Wir essen. Willst du nachher kommen? So in einer Stunde?« Felix fragt: »Darf ich?« Die Eltern nicken und seine Mama sagt zu David: »Ich find's prima, dass du Felix begrüßt hast.«

Zu Hause erzählt David gleich von Felix und Ronja. Und dass Felix sie besucht. »Mit Katze?«, fragt Paulina. »Nee«, antwortet David. »Schade«, meint Paulina. David trinkt seinen Kakao zu Ende. Er hat eine Idee: »Felix kennt hier gar nichts.

Wir können ihm viel zeigen.« Paulina
nickt. David sagt: »Ich zeig ihm, wo man
gut Fußball spielen kann.« Paulina meint:
»Ich zeig ihm die Weide mit den Ponys.«
Den Spielplatz, das Schwimmbad und
die Eisdiele soll er kennen lernen. David
weiß noch etwas: »Wollen wir ihm unser
geheimes Versteck zeigen?« Das findet
Paulina toll. Sofort fragt Mama: »Wo ist
das Geheimversteck?« David antwortet:
»Verraten wir nicht. Weil . . . das ist für
Erwachsene total geheim.« Die drei
besprechen, was sie Felix noch alles
zeigen wollen. Mama sagt:
»Ich glaube, Felix wird es hier
gefallen. Und er wird bestimmt
nicht lange fremd
bleiben.«

9

Der Schuh ist zu

Paulina sitzt neben Lea auf dem Sand-kastenrand. Lea ist ihre beste Freundin hier im Kindergarten. Jede hält eine Brötchenhälfte in der Hand. Lea eine mit Honig. Paulina eine mit Nusscreme. Heute frühstücken sie draußen. Denn das Wetter ist toll.

Schnell haben sie alles gegessen. Auf der Schaukel einige Meter entfernt sitzt Ayse. Sie guckt zu Paulina. Aber wenn Paulina zu ihr guckt, sieht sie weg. Lea fragt: »Warum guckt die so?« Paulina antwortet: »Weiß nicht.« Jetzt fällt Lea ein: »Ich glaub, die spricht so komisch. Die kommt irgendwo aus der Türkei.« Ayses Hautfarbe ist dunkler als ihre. Und sie hat schwarze Haare. Ayse schaukelt nicht und sagt nichts. Auch sonst redet sie kaum was und spielt mit niemandem. Nun geht sie an den beiden Freundinnen vorbei.

Sie verschwindet im Haus. Gleich darauf kommt sie mit einem Brötchen zurück. Und sie setzt sich wieder auf die Schaukel. Da bemerkt Paulina das offene Schnürband an Ayses Schuh.

Ein Junge stellt sich vor Ayse hin und sagt: »He, ich will auch mal schaukeln.« Sofort springt Ayse von der Schaukel. Ihr Brötchen hält sie in der Hand. Vor Paulina liegt ein Ball. Den kickt sie zu Ayse. Die lächelt plötzlich und kickt ihn zurück. Nun sagt Paulina: »Komm doch zu uns.« »Nee, lieber nicht«, flüstert Lea. »Die ist komisch.« Aber da steht Ayse schon neben Paulina und sagt: »Hallo.«

Paulina denkt: Oh, die kann ja doch reden. Jedenfalls ein bisschen. Lea zeigt auf das offene Schnürband und sagt: »Das musst du zubinden.« Aber Ayse tut das nicht. Vielleicht kann sie's noch nicht, überlegt Paulina. Sie hat das auch erst vor ein paar Wochen gelernt. Und sie fragt: »Soll ich den Schuh zubinden?« Ayse nickt und lächelt wieder. Schön sieht das aus. Paulina kniet vor Ayse. Ratzfatz ist der Schuh zu. Lea sagt: »Probier's mal selbst.« Sie schnürt den Schuh wieder auf. Obwohl Ayse Nein sagt. Denn sie ist froh, dass er zu ist. Ayse versucht es. Aber es klappt nicht.

Nun zeigen Lea und Paulina ihr, wie's geht. Beim dritten Versuch schafft es Ayse. Sie strahlt und sagt: »Zu Hause bindet meine Mama mir die Schuhe zu. Jetzt kann ich's endlich allein. Danke schön!«

Die spricht ja genau so wie wir, staunen Paulina und Lea. Die beiden sitzen wieder nebeneinander auf dem Sandkastenrand. Neben ihnen sitzt Ayse. Sie fragt Paulina: »Magst du die Hälfte von meinem Brötchen? Mit Nusscreme.« Paulina nickt und Ayse gibt ihr das halbe Brötchen. Jetzt guckt Lea neidisch. Aber nur kurz. Denn Paulina reißt die Hälfte vom halben Brötchen ab und gibt sie Lea.

Als sie aufgegessen haben, fragt Lea: »Wollen wir was spielen?« Ayse nickt begeistert und Paulina fragt: »Was spielen wir?« Sofort antwortet Ayse: »Schuhe zubinden.« Schon öffnet sie ihre Schnürbänder. Dann bindet sie die wieder zu. Die erste Schleife schafft Ayse gut. Bei der zweiten ist ein Ende viel länger als das andere. Also probiert sie's noch mal. Diesmal klappt's und sie sagt: »Jetzt kann ich's wirklich.« Und sie strahlt Paulina und Lea mit ihren dunklen Augen an.

Mein Teddy, dein Teddy

Paulina sucht ihren Teddy. Ohne den kann sie nicht einschlafen. Überall hat sie schon nachgesehen. Aber sie findet ihn einfach nicht. Ihre Eltern und ihren großen Bruder fragt sie lieber nicht, wo er sein könnte. Denn die sagen immer: »In deinem Chaos findet man sowieso nichts. Also räum auf. Dann findest du, was du suchst.« Paulina guckt in ihrem Zimmer herum. Eigentlich ist es gar nicht so schlimm mit dem Durcheinander. Nur ein bisschen schlimm.

Jetzt ruft Papa aus dem Wohnzimmer: »Paulina, putz deine Zähne und wasch dich. Und dann ab ins Bett!«
Im Bad muss Paulina dauernd an Wuschel denken. Als sie dann auf der Bettkante sitzt, fällt ihr ein: Vielleicht finde ich ihn nie wieder. Plötzlich weint sie. Da kommt David ins Zimmer. Der will seine Buntstifte holen und schimpft: »Immer nimmst du alles weg und bringst nichts zurück!« Erst jetzt sieht er, dass seine Schwester weint.

Deswegen hört er auf zu schimpfen und fragt: »Was hast du?« Paulina antwortet: »Mein Teddy ist weg.«

»Den findest du schon wieder«, meint David. Dass Paulina erst aufräumen sollte, schluckt er runter. Er sieht ja, wie traurig sie ist. Nun hat er eine Idee: »Nimm dein Schmusetuch zum Einschlafen.« Paulina schüttelt den Kopf. Ihr Bruder sagt: »Wir suchen Wuschel zusammen.« Das tun sie auch. Aber er bleibt verschwunden.

Da kommen Mama und Papa ins Zimmer. Mama fragt: »Paulina . . . hast du geweint?«

Paulina schluchzt und David erzählt: »Sie findet ihren Teddy nicht.« Gleich werden die Eltern meckern. Wegen Paulinas Unordnung. Aber was ist los? Auch Papa und Mama schimpfen nicht. Nun suchen alle nach dem Teddy. Leider nützt das nichts.

Schließlich sitzen alle am Küchentisch. Mama sagt: »Vielleicht finden wir ihn morgen.« Papa erklärt: »Manchmal tauchen Sachen an den unmöglichsten Stellen wieder auf. Ich habe meinen Autoschlüssel mal in der Waschmaschine gefunden.«

Paulina staunt, dass ihr Papa auch mal
was sucht. Nun berichtet Mama, dass ihr
Lippenstift im Tiefkühlfach lag.
Für kurze Zeit vergisst Paulina Wuschel.
Schließlich sagt Mama: »So . . . ihr müsst
ins Bett.« Sofort fällt Paulina der Teddy
wieder ein. Bevor sie weint, schlägt
David vor: »Du kannst heute meinen
Teddy haben. Aber nur geliehen.«
Paulina liegt im Bett. Sie drückt Davids
Teddy an sich. Es ist ein anderes Gefühl
als mit Wuschel. Plötzlich spürt sie am
Fußende etwas Weiches. Ist das etwa . . .?
Paulina springt aus dem Bett. Sie fasst
zwischen Bettbezug und Bettdecke.
Da sind die Knöpfe offen. Jetzt zieht sie
ihren Teddy raus und brüllt: »Ich hab
ihn!«
Die Eltern und David rennen rein. »Wo
war er?«, will Papa wissen. Paulina zeigt
ihnen, wo er sich versteckt hatte. Dann
kriegt David seinen Teddy zurück. »Ich
kann bestimmt nicht einschlafen«, meint
Paulina. »Vorhin war ich so traurig, dass
es nicht ging. Jetzt freue ich mich so. Und
dann klappt's auch nicht.«
»Na gut«, meint Papa. »Ich les dir und
Wuschel was vor. Vielleicht kannst du
danach schlafen.«
David und Mama wollen auch zuhören.

Jetzt sitzen alle an Paulinas Bett.
Die drückt ihren Teddy an sich.
Und Papa liest vor.

Der verlorene Geldschein

Papa holt Paulina vom Kindergarten ab.
Sie rennt zu ihm und springt in seine
Arme. An der Mauer lehnt Papas Fahrrad.
Knallgelb ist es. Papa setzt seinen Helm
auf, Paulina ihren. Dann hebt er sie in
den Kindersitz. Und er fährt los.
»Schneller!«, schreit Paulina. Sie düsen
die Straße runter und um die Ecke. Am
Kaufhaus bremst Papa. Er sagt: »Ich
besorg ein paar Batterien. Willst du mit?«
Nee, Paulina möchte lieber zum Kiosk.
Da gibt's tolles Brausepulver. Das streut
sie sich in die Hand und leckt es auf.
Lecker und kitzlig ist das. Dann fällt ihr
ein: »Oh . . . ich hab kein Geld.«
»Reichen 30 Cent?«, fragt Papa. Paulina
nickt. Papa stellt das Rad in den Fahrrad-
ständer und schließt es ab. Jetzt geht er
ins Kaufhaus, Paulina zum Kiosk. Vor
Paulina warten eine alte Frau, ein alter
Mann und ein alter Dackel. Paulina sieht
viele leckere Sachen. Da liegt zum
Beispiel Lakritze. Die mögen nur Papa
und Paulina, Mama und David sind
Lakritz-Hasser. Paulina würde gern zwei
Schnecken Lakritze kaufen und sie mit
Papa auffuttern. Ein paar Tüten

Brausepulver will sie auch. Doch dafür
reicht ihr Geld bestimmt nicht.
Der alte Mann vor Paulina zieht ein
Taschentuch aus seinem Mantel. Aber
was ist das? Mit dem Tuch zieht er ein
Stück Papier heraus. Es segelt durch die
Luft. Nur ein paar Schritte entfernt von
Paulina landet es auf dem Boden. Es ist
ein 5-Euro-Schein. Der alte Mann hat
nichts davon bemerkt. Seine Frau auch
nicht. Und den Dackel interessiert der
Schein nicht.

Paulina will schon sagen: »Hallo, da ist Geld aus Ihrer Tasche gefallen.« Dann überlegt sie, dass sie für den Schein viel Brausepulver und Lakritze kaufen könnte. Sie sieht sich um. Niemand guckt. Paulina müsste nur ihren Fuß auf den Schein stellen. Die Erwachsenen würden irgendwann weggehen. Paulina würde stehen bleiben und den Schein aufheben. Dann gehörten die fünf Euro ihr. Das wär toll! Aber sie gehören ihr nicht. Noch nicht! Sie geht zwei Schritte und streckt ihren Fuß aus. Der Dackel schnüffelt daran.

Plötzlich denkt Paulina: Nee, das ist gemein. Und sie sagt zu dem alten Mann: »Hallo . . . Sie haben was verloren.« Er dreht sich um, seine Frau auch. Da sehen sie den Geldschein. Paulina hebt ihn auf und gibt ihn dem Mann. »Danke schön«, sagt der. Seine Frau meint: »Das ist sehr nett von dir.«
Dann staunt Paulina: Vom Wechselgeld des alten Paares bekommt sie eine Münze. Sie bedankt sich. Die alten Leute gehen mit ihrem Dackel weiter und Paulina öffnet die Hand. Da liegt ein Euro. Oh . . . so viel! Toll!
Paulina kauft ein . . . und wie! Es gibt ein paar Päckchen Brausepulver, drei Lakritz-schnecken und eine Nusswaffel.

Dann geht sie zum Fahrradständer.
Gleich darauf kommt Papa. Paulina zeigt
ihm, was sie mitgebracht hat. Papa
wundert sich: »Das hast du für 30 Cent
bekommen?« Paulina erzählt, was sie
erlebt hat. Papa lobt sie. Und Paulina
sagt: »Jetzt gibt's Lakritze.« Sie zieht eine
Schnecke auseinander. Die sieht nun aus
wie eine lange, dicke Lakritzschnur. Papa
hebt Paulina in den Fahrradsitz. Er stellt
sich daneben. Sie nimmt das eine Ende
der Lakritzschnur in den Mund und kaut.
Ihr Papa nimmt das andere Ende in den
Mund und kaut. Je mehr sie davon essen,
desto näher kommen sich ihre Gesichter.
Am Schluss kauen sie Mund an Mund.
Paulina sagt: »Papa, das ist Lakritze-
knutschen.« Sie kichern. Dann setzen
sic ihre Fahrradhelme auf,
Papa schwingt sich
aufs Rad und sie
fahren nach Hause.

Ein Fußballspiel mit Leonie

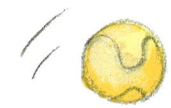

Die Pause hat begonnen. David holt einen Tennisball aus der Tasche. Denn sie wollen wieder Fußball spielen. Jetzt greift die gegnerische Mannschaft an. Leonie hat den Ball. Sie schießt. Der Ball prallt an David ab und fliegt über das Tor. Aber was ist das? Ein großer Junge mit einem Fahrradhelm auf dem Kopf schnappt sich den Ball. Dann wirft er ihn zu Henry, einem anderen Großen. David ärgert sich. Die Großen nehmen ihnen oft den Ball weg. Er spurtet zu Henry. Ein Mädchen aus Davids Klasse ruft: »Bleib hier! Die wollen dich doch nur hauen!«

Aber David ist so wütend, dass er hinlaufen muss. Leonie rennt hinter ihm her. Jetzt steht David vor Henry, der den Ball hat. Henry lacht und fragt: »Na, was willst du?«
»Den Ball!«, verlangt David. Die zwei Großen grinsen David an. »Welchen Ball denn?«, fragt der mit dem Fahrradhelm. Wütend antwortet David: »Den ihr geklaut habt!« Der Große mit dem Helm droht: »Verschwinde, Kleiner. Sonst hau ich dir eine rein!«

Leonie zieht David weg. Aber die zwei Großen verfolgen ihn. Einer stößt David. Der fällt gegen den anderen. Und der stößt ihn wieder. David fällt hin. Der Große mit dem Fahrradhelm tritt ihn. Da springt Leonie ihm auf den Rücken, schiebt ihm den Helm vom Kopf und schreit: »Du gemeiner Idiot! Lass David in Ruhe!« Aber der Große tritt weiter. Dafür reißt Leonie ihn an den Haaren und trommelt mit der Faust auf seinen Rücken. Der Große verliert das Gleichgewicht. Dabei lässt er den Tennisball fallen. David schnappt ihn sich und rennt damit weg.

Leonie hinterher. Und dahinter laufen die beiden Großen.

David und Leonie rennen zu ihren Freunden. Henry stoppt vor David. Er will ihm den Ball wegreißen. Aber David wirft ihn zu Leonie. Die schreit Henry an: »Holt euch den Ball, wenn ihr euch traut!«

Henry grabscht danach. David stößt ihn weg. Jetzt schreit der andere Große Leonie an: »Wenn du den Ball nicht hergibst, holen wir uns den nach der Schule. Dich kriegen wir!« Dann schnauzt er David an: »Und dich auch! Dann kannst du was erleben!«

Leonie verlangt: »Lasst uns in Ruhe. Sonst . . .« Der Große mit dem Helm unterbricht sie drohend: »Sonst . . . was?!« Leonie antwortet: »Sonst sag ich's deinem Lehrer. Ich weiß, dass du in die 4c gehst. Du heißt Maximilian. Herr Pape ist dein Lehrer. Also . . . haut ab!« Maximilian zögert. Er merkt, dass es gefährlich wird. Denn Leonie klingt, als würde sie ihre Drohung wahr machen. Er sagt zu Henry: »Die Kleinen sind blöd. Komm, wir verschwinden.«

Als sie weg sind, will David von Leonie wissen: »Hast du keine Angst vor den Großen gehabt?« Sie antwortet: »Ich war so wütend, dass ich meine Angst vergessen hab.« Dann fragt sie: »Spielen wir weiter? Es steht immer noch 0:0.« Während sie spielen, muss David oft zu Leonie gucken. Er hätte nicht gedacht, dass sie so zu ihm hält. Das war klasse! Später will er ihr das sagen. Aber jetzt wird gespielt.

Unser Nachbar Opa Schubert

Mama hat David von der Schule ab-
geholt. Gleich wollen die beiden Spagetti
mit Tomatensoße kochen. Auf der Treppe
treffen sie Herrn Schubert. Der wohnt im
ersten Stock. Der alte Mann hinkt lang-
sam die Stufen hoch. In jeder Hand
schleppt er eine Tasche. Vor Anstrengung
muss er stehen bleiben.

Da sagt Mama: »Komm, wir tragen Herrn
Schuberts Taschen.« Das tun sie dann
auch.

»Danke, David!«, schnauft Herr
Schubert. Bei Mama bedankt er sich
ebenfalls. Jetzt kann er sich am Geländer
festhalten. Das ist gut.

Beim Kochen denkt David immer noch an Herrn Schubert. »Er hat keine Frau, der Herr Schubert«, sagt er zu Mama. Die erklärt: »Ja, sie ist gestorben.« David überlegt: »Dann ist er bestimmt traurig.« »Wahrscheinlich«, sagt Mama und erzählt: »Ich weiß eigentlich gar nicht, wie es dem Herrn Schubert geht. Er redet fast nichts.« David fällt ein: »Vielleicht hat er niemanden zum Reden. Und weil er wenig redet, kann er's nicht mehr

richtig.« Nun sagt Mama: »Eigentlich seltsam. Der alte Mann ist unser Nachbar. Trotzdem wissen wir fast nichts über ihn. Ich wollte ihn mal einladen. Dann kam was dazwischen und ich hab's vergessen.«

»Vielleicht will er gar nicht zu uns kommen«, meint David. Dazu sagt Mama: »Wir müssten ihn fragen. Und das sollten wir nicht aufschieben.« Jetzt schlägt sie vor: »Geh doch mal zu ihm hoch und erkundige dich, ob er am nächsten Sonntag mit uns frühstückt. Das wär schön. Dann könnten wir uns besser kennen lernen.«

»Ich soll hoch gehen?«, fragt David. Mama nickt und erklärt: »Ich mache inzwischen das Essen.« David zögert. »Ich trau mich nicht. Soll ich wirklich?« Mama nickt noch einmal. »Jetzt gleich?«, will David wissen. Wieder nickt Mama. »Na gut!«, meint David schließlich.

Er klingelt an Herrn Schuberts Tür. David hört langsame Schritte und die Tür wird geöffnet. »Hallo«, begrüßt ihn Herr Schubert. »Das ist ja eine Überraschung. Komm rein, David.«

Die beiden stehen im Flur. David sagt: »Meine Mama und ich möchten Sie zum Frühstück einladen. Geht es am nächsten

Sonntag? Papa und meine Schwester wissen das noch gar nicht. Aber die finden's gut, wenn Sie kommen.«
Der alte Mann lächelt und sagt: »Lieb, dass ihr an mich denkt. Also . . . ich komme gerne.«
»Oh . . . toll!«, freut sich David. Dann verabschiedet er sich: »Ich muss wieder runter. Meine Mama und ich kochen nämlich Spagetti mit Tomatensoße.«
»Hm . . . Spagetti, die mag ich. Also dann bis nächsten Sonntag. Da können wir viel erzählen. Übrigens . . . ihr dürft immer bei mir vorbeikommen. Ich freu mich über Besuch. Tschüss, David.«
David geht wieder nach unten. In der Küche sagt er zu Mama: »Herr Schubert kommt gern. Und reden kann der prima. Ich glaub, der ist richtig nett. Das wussten wir noch gar nicht.« Mama stimmt zu und wundert sich: »Obwohl wir im selben Haus wohnen.« Dann zerschneidet Mama Tomaten. Und David nimmt die Spagetti aus der Packung.

Ein Handschuh für David

David steht vor der Schule. Meistens geht er mit zwei Jungs aus seiner Klasse nach Hause, Paul und Lucas. Aber mit Paul hat er in der Pause gestritten. Vielleicht sind sie nun alle beide sauer. Auf jeden Fall haben sie nicht auf David gewartet. Na ja, geht er eben alleine. David schiebt seine Hände in die Jackentaschen. Denn es ist kalt, richtig eisig kalt. Da sieht er ein Mädchen mit einem roten Anorak. Die geht auch in die Erste. Aber nicht in seine. Sie wohnt ein paar Häuser weiter als er. »Hallo, Marie«, begrüßt er sie. »Hallo, David«, antwortet sie. Dann sagt er: »Mensch, ist das kalt. Bestimmt unter null Grad.«

»Meine Lehrerin hat auf das Thermometer geguckt«, erzählt Marie. »Drei Grad minus sind es.« Sie gehen ein Stück zusammen. Und da vorn sind auch die beiden Jungs aus Davids Klasse. Paul dreht sich um. Dann stößt er Lucas an. Die beiden bleiben stehen. Sie kichern und Paul fragt laut: »Mit der gehst du?!« Lucas ruft: »Mit einem Mädchen. Aus der Doofen-Klasse!«

»Red nicht so'n Quatsch!«, meint David.

Marie sagt: »Du kannst ruhig mit denen weitergehen.« Doch das will David nicht. »Nee, die sind zu blöd«, murmelt er. Jetzt gehen David und Marie an den Jungs vorbei. Ihr Gekicher hören sie noch eine Zeit lang. Dann verschwinden Paul und Lucas in einem Geschäft.

David und Marie laufen nebeneinander. Jetzt nimmt David seine Hände aus den Jackentaschen. Erst pustet er in die eine Hand, danach in die andere. Damit sie wärmer werden. »Du hast ja gar keine Handschuhe an«, sagt Marie. Sie trägt dicke rote Fausthandschuhe. Einen gibt sie David und meint: »Der ist für deine kältere Hand.« Da fällt David ein: »Aber jetzt frierst du!«

»Höchstens an einer Hand. Dann wechsle ich den Handschuh von der warmen auf die kalte Hand.« David zieht den Handschuh an. Die andere Hand schiebt er tief in seine Tasche. Als sie weitergehen spürt er, dass die Handschuh-Hand wärmer wird. »Wollen wir morgen wieder zusammen gehen?«, fragt David. Marie nickt und sagt: »Klar.« Jetzt stehen die beiden vor Davids Haus.

»Tschüss!«, sagt David. »Tschüss«, sagt
auch Marie. Als David die Tür öffnen
will, fällt ihm ein: Oh, Maries Handschuh. Den hab ich immer noch an.
David läuft hinter ihr her und gibt ihn
zurück. Gleich darauf geht David durchs
Treppenhaus. Mal sehen, ob Mama
schon von der Arbeit da ist. Sie bringt
Paulina immer aus dem Kindergarten mit.
Er klingelt. Mama öffnet die Tür und fragt:
»Na, wie war's heute?«

»Gut«, antwortet er. Soll er erzählen, dass
Marie ihm einen Handschuh gegeben
hat? Nee, das will er für sich behalten.
Jedenfalls erst mal. Nun hört er Paulina
irgendwo in der Wohnung. David geht
mit Mama in die Küche. Schön warm ist's
hier. Ihm fällt ein: Morgen geh ich
wieder mit Marie. Als er daran denkt,
wird ihm noch wärmer. Aber nicht
von außen. Diese Wärme spürt David
in sich. Ein schönes Gefühl!